深刻認識
你和你的另一半

Questions
for Couples Journal

400 個互動式提問，
讓你與伴侶有更深的瞭解與連結，
彼此的心更加靠近

400 Questions to Enjoy,
Reflect, and Connect with Your Partner

瑪姬・雷耶斯（Maggie Reyes）著
陳於勤 譯

深刻認識你和你的另一半
400 個互動式提問，讓你與伴侶有更深的瞭解與連結，彼此的心更加靠近

Questions for Couples Journal：
400 Questions to Enjoy, Reflect, and Connect with Your Partner

作者	瑪姬・雷耶斯（Maggie Reyes）
譯者	陳於勤
內文構成	賴姵伶
封面設計	周家瑤
責任編輯	曾婉瑜
行銷企畫	劉妍伶

發行人	王榮文
出版發行	遠流出版事業股份有限公司
地址	104005 臺北市中山區中山北路 1 段 11 號 13 樓
電話	02-2571-0297
傳真	02-2571-0197
郵撥	0189456-1
著作權顧問	蕭雄淋律師

2025 年 5 月 30 日　初版一刷
定價　平裝新台幣 300 元（如有缺頁或破損，請寄回更換）
有著作權・侵害必究 Printed in Taiwan
ISBN：978-626-418-157-0
遠流博識網 http://www.ylib.com　E-mail: ylib@ylib.com

Questions for Couples Journal: 400 Questions to Enjoy, Reflect, and Connect with Your Partner
by Maggie Reyes
Copyright©2020 Callisto Publishing LLC
First Published in English by Callisto Media, Inc.
This edition arranged with CALLISTO MEDIA, INC. through BIG APPLE AGENCY, INC., LABUAN, MALAYSIA.
Traditional Chinese edition copyright©2025 Yuan-Liou Publishing Co., Ltd.
ALL RIGHTS RESERVED.

國家圖書館出版品預行編目 (CIP) 資料

深刻認識你和你的另一半：400 個互動式提問，讓你與伴侶有更深的瞭解與連結，彼此的心更加靠近 / 瑪姬．雷耶斯 (Maggie Reyes) 著；陳於勤譯. -- 初版. -- 臺北市：遠流出版事業股份有限公司，2025.05
面；　公分
譯自：Questions for couples journal : 400 questions to enjoy, reflect, and connect with your partner
ISBN 978-626-418-157-0(平裝)

1.CST: 性別關係 2.CST: 兩性溝通 3.CST: 戀愛心理學

544.7　　　　　　　114003693

致讀者

希望本書的提問可以讓你們彼此更相愛,
兩個人的心更靠近!

本書使用方式

切記,最重要的是:
怎麼閱讀、怎麼使用都可以,沒有對錯。

你可以翻到你想閱讀與回答的問題,然後作答,可以從頭開始按照順序回答、請對方寫下答案,或者輪流提問與回答。你也可以每天在固定時間(晚餐時或睡前)回答問題,或在約會時,回答個幾題,甚至出遊時也可以帶著本書,在路途上好好認識彼此。

當然,你也可以自由混搭或加入自己的提問,重點是,快樂地享受兩個人在一起的時光。

這些問題就像我們心裡的一道道大門。本書準備了 400 個問題,你們可以一同回答,更加深刻地了解對方、接納與更愛彼此。

閱讀與回答這些問題，可以讓你們倆……

★ 共享美好時光，開啟有意義、有趣又好玩的對話。

★ 在輕鬆、沒有壓力的環境下，增進溝通，讓彼此更加理解對方。

★ 了解到彼此的熱情、夢想及目標是什麼，共同發想出你們理想中共度一生的方式，不管你們已經在一起 30 天、還是 30 年。

本書裡的問題共分為 7 類，有些較為嚴肅，有些則是輕鬆好玩，這些種類平均分佈在書中，所以有時會有些嚴肅、但有時又十分有趣好玩，每個種類都有固定的標誌區分。

感情
你跟另一半感情如何？這些問題可以引導你們探索目前關係裡的方方面面，也可以討論你們對未來的想法。

目標與夢想
這些問題讓你們可以思考自己人生的夢想及目標是什麼。

回憶與過去

過去是如何形塑現在的你?這些問題可以幫助你們探討自己的生命經驗,不管是好是壞(但切記要小心謹慎處理)。

價值觀與信念

什麼對你們來說很重要?你們對這個世界有怎樣的體驗?這些問題可以有助於思考自己的價值觀及核心信念建構的過程。

親密關係

本書也會探討性關係中身體與情感的層面,因為當你跟伴侶在一起越親密,就能越能享受到親密關係帶來的樂趣。若「親密關係」這個詞讓你有點害羞,沒關係,你也可以換成其他任何自己可以接受的說法。

溝通

本書會討論如何溝通嗎?當然!這些問題也會包括非語言上的溝通,而我們都知道非語言的溝通可能是最好的溝通方式。

樂趣

你在網路上看過的,像是「你學生時期最喜歡哪部電影?」,這類有趣問題,會列在「樂趣」這個類別底下。

要怎麼閱讀與使用這本書，是完全沒有限制，但我們**建議最佳的方式是，用開放的心態去傾聽**，花些時間、不帶任何批判的心態去回答這些問題，練習對彼此**坦誠、表達愛意與自己脆弱的一面**。

讓我們用剛剛的「樂趣」這類問題來舉個例子。

你學生時期最喜歡哪部電影？

開放又不帶批判心態的回應是：「哇！好有趣！為什麼喜歡這部？」

而充滿批判的回應是「真假？這麼多電影你竟然喜歡那部？」

請不要這麼做，絕對不要，就是這樣。就算對方回答是《星際大戰首部曲》也不能這樣回應。切記：批判、批評都是感情殺手，

人類的自然演化就是尋求安全感，避免危險，而因為批判、批評在大腦裡都被視為危險，只要被批評了，對方的大腦就會緊閉，不想再繼續說下去。

相反地，若是以開放的態度與好奇心來回應，對方就會感到安心，也會願意多多分享。

假若你對某個答案有點反彈，你可以暫停一下，深呼吸，放鬆一下，再以好奇的心態繼續下去，好奇心是讓感情茁壯的重要養分。

所以切記：
開放心態的好奇心：**熱烈歡迎！**
批判批評的態度：**敬而遠之！**

現在就利用這400個提問，好好認識自己、也認識另一半吧！

第一次見面時，是什麼讓你想更進一步了解你的伴侶？

敘述你理想中的住家，是大房子、還是小房子？住在城市、還是鄉下？

你記得童年時第一次旅行是去哪裡？

你希望自己有時間可以從事什麼嗜好？

你最喜歡怎樣向伴侶表現出想要有親密接觸的愛意？

你目前這段感情與之前的相比，有什麼不一樣？

若你可以跟自己崇拜的人（例如運動員、藝人、科學家、政治家或藝術家）相處一個禮拜，你會選誰？會一起做些什麼事？

什麼是你從小就喜歡做的活動、而現在你想跟伴侶分享？

如果另一半想準備禮物給你,你會給點小提示、還是不管什麼都接受?

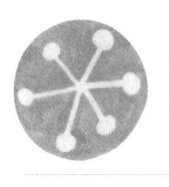

假設你的生日是國定假日,在這天大家應該吃什麼來慶祝?

「團隊合作」這個詞在兩人關係中對你來說是什麼意思？

你現在的工作讓你成長許多，還是帶給你很大的壓力？還是兩者皆是？

哪些事是你跟伴侶可以一起做、而且可以創造出更多美好回憶的?

在長期穩定的關係中,你覺得跟伴侶相互表達愛慕重要嗎?為什麼?

你覺得你跟另一半每天應該隔多久就關心對方一下？

哪些事是你跟伴侶還沒去做、但十分期待一起去做的？

你最想去的城市前 3 個是？為什麼想去？

在成長過程中，「金錢」對你來說是什麼？現在呢？

以下哪個對你比較有價值：加薪 5 萬，還是放假一週、而且不需要加班趕進度？

你最喜歡跟伴侶一起做的親密行為是？

在感情中,你覺得自己是比較大膽積極的、還是比較保守的?

到今年年底,你希望自己可以存多少錢? 5 年後呢?

你現在跟兒時同伴還有聯絡嗎？

我們每天都必須做大大小小的決定，哪些你會詢問伴侶的意見？為什麼？

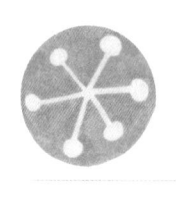

若回到學生時代、你的某一科成績很好,你會說是哪科?為什麼?

若你跟伴侶都很忙,你們是如何確保有足夠的兩人時間、並且固定出門約會?

哪些目標或夢想是以前想做、但現在後悔當時沒去做的?現在還想追求這些夢想嗎?

小的時候,睡前有什麼特別的習慣嗎?

為了讓自己成為最好的伴侶,你願意嘗試做什麼以前沒做過的?

在溝通時,你能向伴侶保證絕對會做到的事情是什麼?

你認為你們倆會想怎樣與家人一同過節？

你要如何確保親密的性關係在感情中仍然擺在優先順位？

你比較想要把錢花在豪華度假上,還是存起來買房子?
(選一個)

■ 絕對是豪華度假!
■ 絕對是夢想的房子!

■ 絕對是豪華度假!
■ 絕對是夢想的房子!

若可以時光旅行,你想回到過去、還是未來?
(選一個)

過去　　　　　未來

過去　　　　　未來

在人生中,哪個對你比較有用:唸書得來的學問,還是街頭智慧?

心靈成長或信仰在你們的關係中扮演什麼角色?

哪一種感覺是你每天都想體會到的?

各講一件你們兒時覺得很艱難跟簡單的事。

若你跟伴侶是依照各自的強項來維持感情,要如何分配才能取得平衡?

如果你們要各取一個特務名稱代號,
會是什麼?

當你想到你們的未來時,你最擔心什麼?

失敗為成功之母，遇到失敗時，你們是如何支持彼此？

在成長過程中，你學到的「大膽進取」跟「保守策略」是什麼？

你最喜歡的傢俱是什麼？
為什麼？

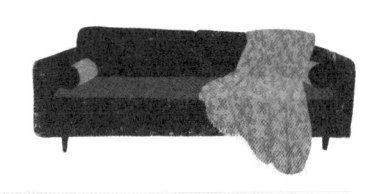

哪個方式你學習得最快：大聲唸出來，還是看圖片或文字解說？

從 1 到 10 分，你會給你們現在的友誼打幾分？怎樣能提高分數呢？

你夢想中想要的車子是？

小時候有得過什麼獎嗎？是哪些？

個人道德觀是否應該為更大的群體利益妥協呢？

你最喜歡在一天的什麼時候做愛？

若你跟伴侶一起去上烹飪課，你們想學哪道菜？

當你達成目標時,最有意義的慶祝方式是什麼?

你童年中最美好的節日回憶是什麼?

在生活中,哪個部分你最有自信?哪個部分你最沒有自信?

太空旅行一天或郵輪環遊世界一年,你會選哪一個?

若必須與家人設立界線但你的伴侶不太自在,你們倆要如何一起面對?

想想自己現在的夢想,你可以為了什麼放棄?或為了什麼不願放棄?

你從小最喜歡的小說人物是誰?

想起伴侶時,最令你愛戀的部分是什麼?

假設你認為相愛不需要伴侶完全了解你,這會如何影響你們彼此的溝通?

有哪些日常習慣可以幫助你達成夢想?

我覺得在公共場合大膽表現愛意既浪漫又有趣,我很喜歡。(選一個)

是　　不是

是　　不是

你有機會踏上夢想中的旅程,但你的伴侶不想去,你會自己去嗎?(選一個)

會　　不會

會　　不會

我認為以前的音樂比現在的好聽。(選一個)

對　　不對

對　　不對

你會用哪 3 個詞彙來形容另一半最令你喜愛的特質？

你最喜歡哪種放鬆方式？

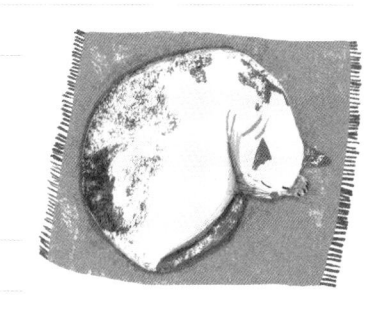

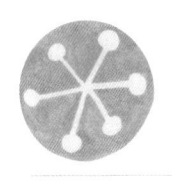

想像你最想見到的 5 個人在等你一起玩遊戲,這 5 個人會是誰?你們會玩什麼遊戲?

為了讓感情加溫,你們之間最需要克服的障礙是什麼?

在達成目標過程中遇到困難時,什麼能繼續使你向前?

在你認識你的另一半之前,你認為「感情」是什麼?那現在你又是怎麼想的呢?

你現在有固定捐款給慈善機構嗎?如果有,是哪個機構?為什麼選他們呢?

想要跟你有效溝通,有什麼小祕訣可以告訴給你的伴侶?

你會選哪首歌來形容你們現在的關係?為什麼?

當你想跟伴侶做一些好玩的事,你會事先規劃、還是隨性就好?

若你的成長過程中，有超過一個以上的監護人或父母一同照顧你，你覺得他們的感情狀態是如何影響你現在的感情觀？

壓力大的時候，你會有什麼不太好的習慣？

你對「一夫一妻制」有什麼想法？

第一次見到你的另一半時，最令你印象深刻的是什麼？

為了達成目標，你最需要克服的恐懼是什麼？

你以前做過什麼樣有趣的冒險是你永遠不會忘記的？

上一次你們意見相左是為了什麼事？下次你會怎樣處理得更好？

如果你們可以一同進入到你們最愛的電影裡，你們會想去哪個電影裡面住上一週？

請造句:「美好關係的祕訣在於……」

你怎麼知道何時要更加努力完成目標,或者何時要放下了、找尋新目標?

為了讓對方現在更愛你，有哪件過去發生的事是你想讓對方知道的？

若你獲得了理想中的工作，但必須要搬家，你會搬嗎？

你喜歡身體的哪個部位被親吻?

講一個你們喜歡一起看的節目,還有為什麼喜歡一起看呢?

講一個你只有到了 60 歲才能開始追求的夢想,以及為什麼?

成長過程中,哪一次的生日慶祝是你最喜歡的?為什麼那次如此特別?

什麼類型的工作對你來說最有意義？

怎樣的非言語表達能夠立即向你傳達愛意？

從 1 到 5 分，1 分是「凡事我喜歡順其自然」，5 分是「達成目標是我的人生動力」，那麼設定目標對你而言有多重要？（選一個）

1　　2　　3　　4　　5

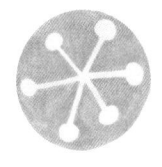

1　　2　　3　　4　　5

當你收到夢想中的名車當禮物，你會收下、還是會賣掉變現？（選一個）

■ 收下！
■ 賣掉變現！

■ 收下！
■ 賣掉變現！

講一件你覺得很簡單、但其他人覺得很難的事。

♡ 不開心的時候,你希望伴侶給你一些空間、還是陪在身邊直到你冷靜下來?

⏭ 如果你能見到可以幫助你達成夢想的人,這個人會是誰呢?他/她可以給你什麼樣的幫助?

如果你可以為過去的某個階段辦個閉幕典禮或特殊儀式來象徵結束,會是哪個階段?

從現在起的 20 年以後,當你回顧你跟伴侶的感情,你覺得成功的關鍵是什麼?

你的伴侶剛從漫長的旅程回到家,而你只能用親密行為來表現你有多想他/她,你會怎麼做?

你比較喜歡跟伴侶一年中去很多次小旅行,還是期待一整年只去一次豪華浪漫之旅?

你們規劃未來的方式是相似還是不同？如何相似或不同？

你的伴侶做過哪些事，讓你每次想起來都更加愛慕他／她？

許多公司有自己一套可以反映出價值觀的「企業文化」，你會如何描述你跟伴侶的「感情文化」？

對你來說，「以開放態度傾聽」是什麼意思？請用 3 個形容詞來描述。

講一件你後悔沒有跟伴侶一起做的事。

你曾經實現了夢想,但結果卻非自己想像中的美好嗎?你從中學到了什麼?

小時候,你週末都在做什麼?

若做錯事、想要彌補伴侶,你覺得最好的彌補方式是什麼?

在成長過程中,你對「性」的認知有哪些是以前深信不疑、但現在已經改變想法的?

你跟伴侶約會的時候會做什麼、而且這些活動一定會讓你們都覺得很開心?

你中了彩券，現在你有錢在世界上任何地方蓋你夢想中的房子，但不能是你現在住的地方，那你會把房子蓋在哪裡？為什麼？

講 3 個令你感到驕傲、成功完成的目標。

你是否曾經因害怕自己的觀點不被接受而不敢講出來?

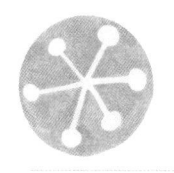

你有 3 張免費的票可以去看你最喜歡的 3 位歌手演出,但你只能去其中一場,那這 3 位歌手是誰?你又會去哪一場?

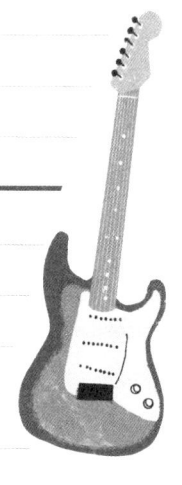

你可以不嘗試改變伴侶的任何事而且持續愛著他／她嗎？這很容易、還是很困難？

你理想中的退休生活是如何？你會住在哪？退休後會做哪些事？

當你意識到對方就是自己的「真命天子／女」時，你第一個跟誰說？你說了什麼？

對付難搞的人，你的策略是什麼？

選一個你最希望自己伴侶擁有的特質：

充滿情意　　耐心包容　　熱情如火
全心奉獻　　忠貞不渝　　信守承諾

充滿情意　　耐心包容　　熱情如火
全心奉獻　　忠貞不渝　　信守承諾

講一個兒時暗戀的大人物。

_____　　_____

從 1 到 10 分，1 分為「完全不重要」，10 分為「非常重要」，請問，時常分享彼此想法與感受，對你們來說有多重要？（選一個）

1　2　3　4　5　6　7　8　9　10

1　2　3　4　5　6　7　8　9　10

你們最喜歡在一起共度時光的哪個部分？

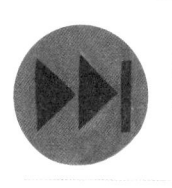

哪個日常習慣可能阻礙你現在無法朝自己目標前進？你會考慮戒掉這個習慣嗎？

小時候什麼事會讓你興奮期待一整天？

在生活及關係中，你認為「樂趣」扮演什麼樣的角色？

什麼可以讓你「興奮、性致勃勃」？什麼會「冷感、沒有感覺」？

哪件事是你會想要另一半做，但又害怕說出口的？為什麼害怕？

你希望家裡都要有的 3 個物品與 3 項感情方面的事物是哪些？

你家裡有人有成癮問題（例如藥物、酒精等）嗎？你在成長過程中是如何面對的？

回想你昨天做的事,你是如何確保時間行程與自己設下的優先事項相互符合?有更好的處理方式嗎?

假設你是任何事項的世界冠軍,你會選哪一樣?

你是內向（需要自己獨處的時間）、還是外向（身旁需要很多人在）的人？你覺得這會怎樣影響你們的感情？

你是否曾經感到被迫去追求別人為你設定的目標？

你兒時收過最喜歡的禮物是什麼？長大後收過最喜歡的禮物是什麼？

在你們的關係中，最令你覺得幸福愉悅的是什麼？

你是屬於「給我結論、只談事實」的人,還是「從頭開始,告訴我所有細節」的人?

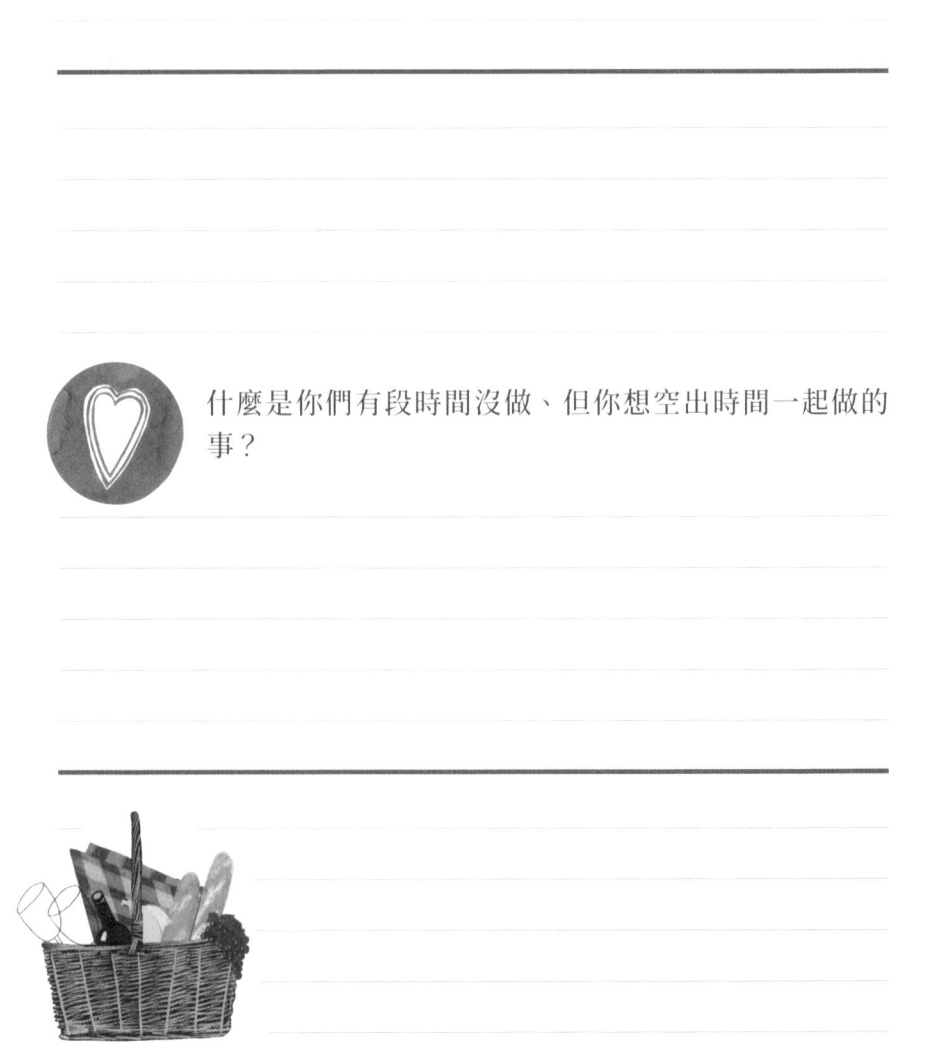

什麼是你們有段時間沒做、但你想空出時間一起做的事?

請造句:「我的人生意義在於……」

什麼事是你以前害怕、但現在已克服恐懼的?

今年你最看重的價值觀是什麼？到年底時，你要怎麼檢視是否真的有把這項價值觀放在最優先的位置？

你會想在兩人關係中，試一些以前沒做過的事嗎？為什麼？

若要在你難過時另一半可以好好安慰你，他／她可以怎麼做？

如果說想法可以影響行為，那為了努力達成的目標，最有用的想法是什麼？

什麼是你小時候喜歡做、長大後仍然喜歡的事?

你現在是如何處理壓力的?當你感到自己有「戰、逃或不動」的反應出現時,你會做什麼讓自己冷靜下來?

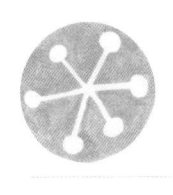

假如你可以選任何工作、而且年薪都不錯,但一次要做20年,你會選什麼工作?

在你們的關係中,哪3個面向是你最喜歡的?

在財務方面，你有哪些夢想（例如，買房子或買車）？

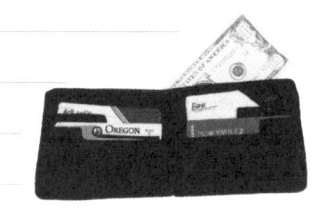

講一個你兒時的模範人物。為什麼你會景仰他們？

要選擇住在哪裡時，你會考慮哪些重要因素？

在彼此關係裡感到安心自在是溝通的基礎。你能做哪件事讓另一半感到安心自在、願意打開心房跟你分享想法？

初次相遇時，你的另一半有什麼特質是你特別喜歡、而現在更喜歡的？

哪些個人目標是你想跟其他人分享的？哪些個人目標是你只想跟自己伴侶分享的？

小時候你有玩過桌遊、拼圖或牌卡遊戲嗎?你最喜歡的是?

哪 3 件事物是你覺得有必要花錢在上面的?

有什麼親密行為是你想跟伴侶試試看的？

你覺得有意義的道歉是什麼？

▶▶ 有些人害怕,哪天自己實現了偉大的夢想,同時也會失去伴侶,因此放棄追求,你是否也有同感?

◀◀ 在成長過程中,你對「浪漫的愛情」有什麼想法?

你們對財務合併與共同使用兩人所得有什麼想法?你們要如何確保公平分配錢財?

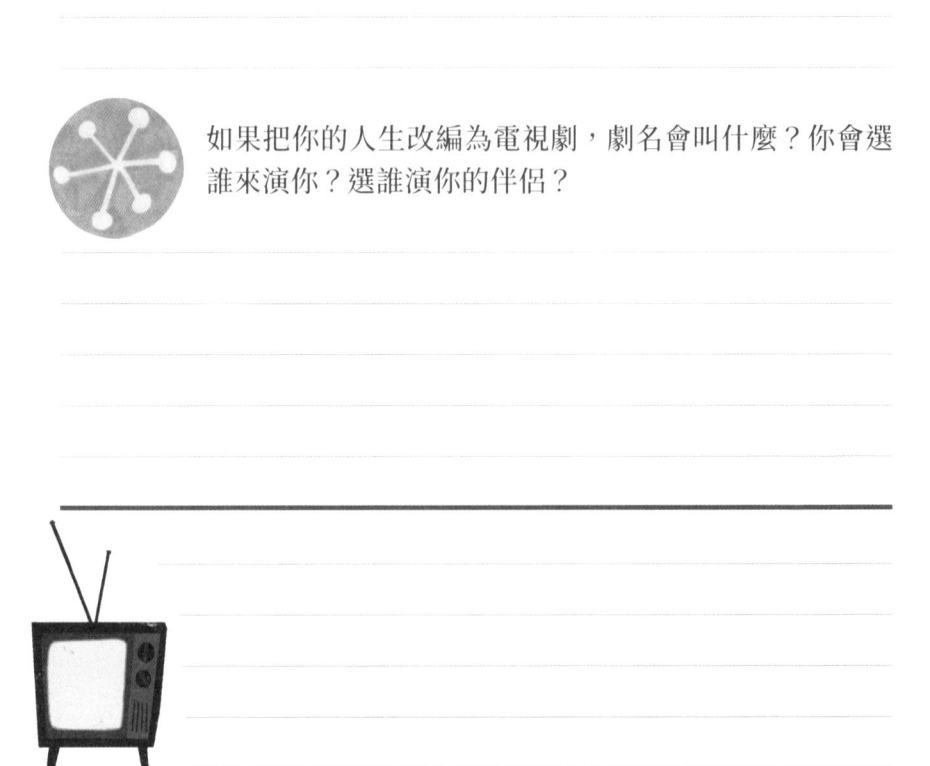

如果把你的人生改編為電視劇,劇名會叫什麼?你會選誰來演你?選誰演你的伴侶?

什麼可以讓你感到安心、沒有壓力地打開心房、跟伴侶分享想法？你的伴侶可以做哪些事情來幫助你放鬆、感到安心？

哪個你最想要完成的目標或夢想在你努力付諸行動後，最後真的達成了？回想起來，你知道自己成功時，有什麼感受？

在成長過程中,你比較會是直接面對挑戰、還是逃避?

你覺得要成為最好的伴侶,最重要的特質是什麼?你自己是如何做到的?

99 你可以改變肢體語言或語調的哪個部分,以更充滿愛意的方式與伴侶溝通?

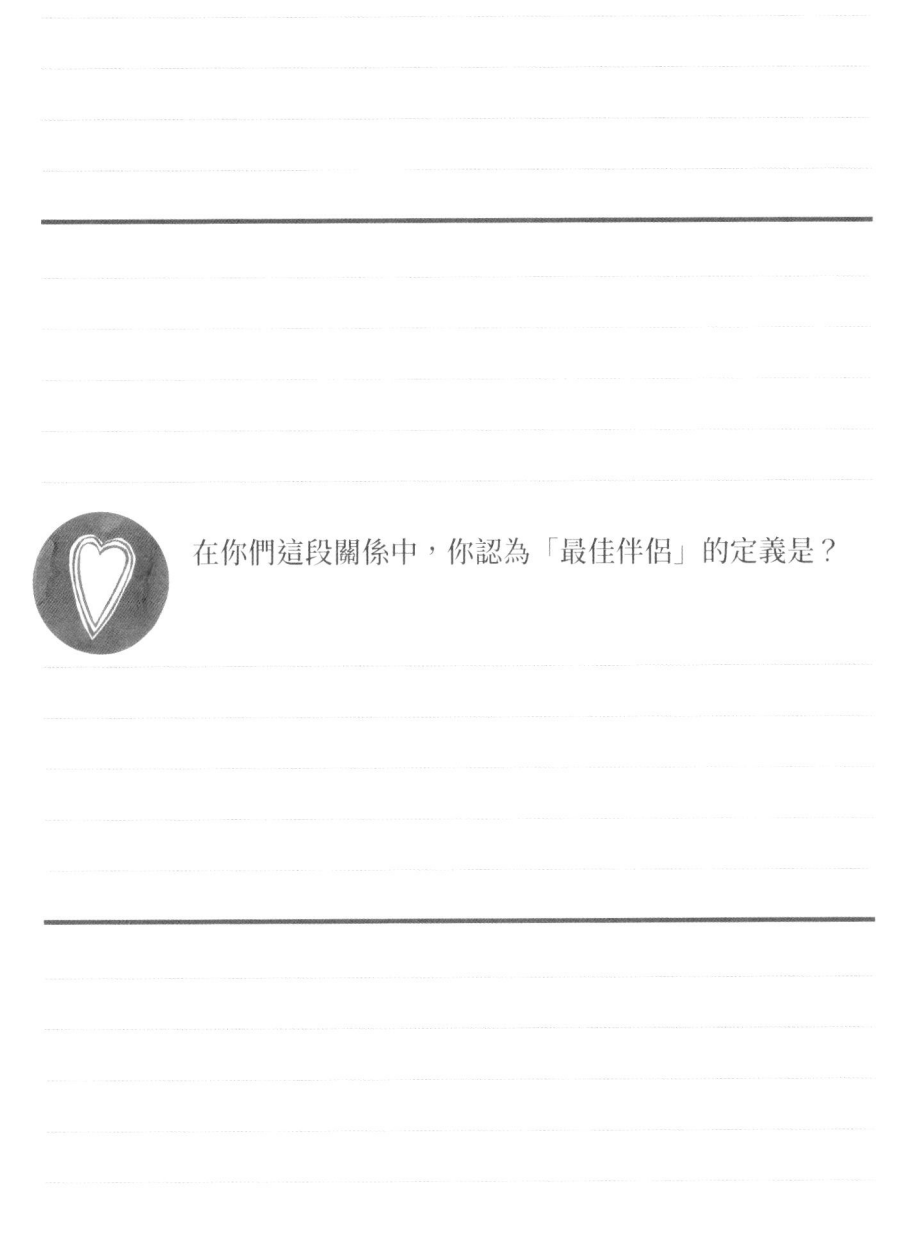

在你們這段關係中,你認為「最佳伴侶」的定義是?

你們認為以下哪項是今年最重要的事？（只能擇一）

存錢
健康飲食
改善體態
整理居住環境
其他：＿＿＿＿＿＿＿

存錢
健康飲食
改善體態
整理居住環境
其他：＿＿＿＿＿＿＿

從1到10分，當你拿到駕照時，開心的程度是幾分？（選一個）

1　2　3　4　5　6　7　8　9　10

1　2　3　4　5　6　7　8　9　10

你們比較喜歡事先規劃，還是隨性就好？（選一個）

■ 讓對方驚喜！　　　■ 事先規劃最讚！

■ 讓對方驚喜！　　　■ 事先規劃最讚！

你們是否覺得目前在相互配合與各自獨立之間已經達到良好平衡？

你如何專注在完成自己的優先事項？

過去有什麼陰影是你的伴侶可以幫助你療癒的？

_____
_____
_____
_____

_____
_____
_____
_____

你努力培養的個人強項是什麼

_____
_____
_____
_____

_____
_____
_____
_____

很多專家建議安排好時間做愛有助於增加做愛頻率,你是怎麼想的?

你覺得什麼能讓兩人的距離拉得最近?

你或伴侶有什麼夢想一直遲遲沒有付諸行動去追求？是什麼讓你猶豫的？

學生時代最喜歡的老師是誰？為什麼？

在道歉時，什麼樣的話語或行為可以真正展現誠意？

假設你們可以實現一個共同的願望，但必須用一個合理的說法向其他人解釋，那這個願望會是什麼？說法又是什麼？

你的伴侶最令你驚訝的是什麼？

有沒有什麼嗜好是你希望可以當成工作賺錢的？

如果可以回到過去,你會想回到哪一年?為什麼?

你喜歡多久跟所有家族成員團聚一次?

什麼樣的情緒會阻礙你無法清楚有效地溝通？

在健康的兩人關係中,「接納包容」扮演什麼角色？

你喜歡把錢花在哪些方面（例如捐款或購物）？

以前你遭遇過什麼事，是你一直無法原諒的？

什麼是可以結束吵架的最好方式？

你覺得另一半身體的哪個部位最性感？為什麼？

有哪 3 件小事是你們維持感情的祕訣?

哪些有趣的活動是你們會一起做、來維持身體健康?

哪一次的旅行讓你們回憶起來仍會哈哈大笑？

你認為平常兩個人應該花多少時間在一起？多少時間各自做自己有興趣的事？

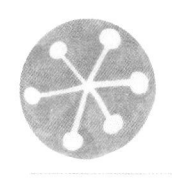

假如接下來 5 天，每天給你 10 萬元，但你不能存起來，沒花完也不能累計到隔天，你會買什麼？

你們現在會如何面對彼此的批評？什麼是更有建設性的方式來面對批評？

你們如何在追求夢想的急迫感、跟兩人充實又愉快的生活之間取得平衡？

你喜歡跟另一半一起做的嗜好是什麼？為什麼喜歡？

你們覺得哪個最浪漫？（選一個）

- 在家安靜度過一晚
- 在豪華飯店住一晚
- 在星空下露營一晚
- 其他：_____

- 在家安靜度過一晚
- 在豪華飯店住一晚
- 在星空下露營一晚
- 其他：_____

解決問題時，最重要的是哪項：自由發想或理性分析？（選一個）

自由發想　　　　　　理性分析

自由發想　　　　　　理性分析

高中時你最喜歡哪個科目？

_____　　_____

如果你保證讓對方的一個夢想必定會實現,你會選哪一個?為什麼?

什麼是你現在一直堅持著、但知道若希望兩人要過得幸福的話就必須放棄的?

生氣時，你做過哪些讓自己後悔的事嗎？你以後要如何避免被憤怒的情緒掌控？

你覺得兩個人講不下去的時候，哪項特質最能化解溝通障礙？

你的伴侶需要知道關於你的什麼事,讓他／她會更愛你?

整體而言,你們會很想、還是不敢嘗試新事物?

有哪個嗜好是你嘗試過後發現不喜歡的？

你覺得要在哪方面更有自信、才能讓自己更有吸引力？

❤ 每天你們可以一起做哪件小事來培養善念與友誼？

⏭ 講一個你以前覺得遙不可及、但最後真的發生的事。發生之後你的感受如何？

你的伴侶最近做了什麼或說了什麼讓你大笑出來？

你覺得金錢對幸福來說有多重要？多少錢你覺得才「足夠」？

如果你可以製作一個任何主題的實境秀,你會選什麼主題?節目名稱會是什麼?你跟伴侶會參加這個節目嗎?

有哪個家事是你其實蠻喜歡做的?

哪些活動可以讓你進入「心流狀態」，沉浸其中、忘卻時間？

你還記得或是知道自己曾祖父母的什麼事嗎？

你喜歡幫忙另一半做什麼？

車子都需要定期維修保養。這個概念你覺得可以怎樣應用到兩個人的溝通上？

在討論理財時，你們認為應該要做怎樣的調整？

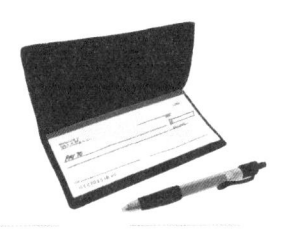

當你想要完成的目標或夢想困難重重，你會希望伴侶如何支持你？

過去曾發生過的哪個事件，是你希望可以重來的？

你還有跟以前的老闆聯絡嗎？為什麼？

講一個你覺得有創意、而且可以挑起伴侶情慾的方法。

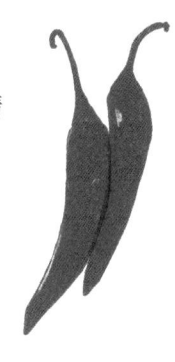

在跟另一半規劃時間安排時,你們比較喜歡一起參加很多活動,還是多一點休息時間,還是兩者混合?

對於自己在乎的家人朋友,你會投入參與他們的目標與夢想多少?你會想提供什麼幫助?什麼是你的極限呢?

講兩件你心存感激的往事。

什麼事讓你覺得很困難?怎樣才能讓它沒那麼困難?

如果可以在自己的愛店選一樣東西終身免費,你會選什麼?

講到界線(什麼是 OK、什麼是不 OK 的),對你來說,什麼是最容易設立界線的?

你過去哪個成功的經驗讓你對追求現在的目標更有自信?

小時候，什麼會讓你感到安心？那現在呢？

你擁有的「最珍貴」的事物是什麼？是實體的東西、還是其他的事物？

講一個你讓你們日常對話更有趣的方法。

你覺得為什麼感情有時遇到停滯期?你怎樣避免兩人的關係中出現停滯期?

你如何決定是時候要重新設定目標的？

小時候，哪個節日是你最期待的？現在還是嗎？

請用 3 個詞來形容你的家庭。

你們想一起分享的有趣幻想是什麼?為什麼這會很有趣?

科技產品在你們兩人相處時扮演了什麼角色?什麼時候或隔多久你應該要放下自己的手機或 3C 產品?

哪件事情是如果你以後再也不用做、而讓你感覺真是太爽的?

小時候你最喜歡的團隊運動是哪一項?你是喜歡下場參與或在旁觀看,還是兩者皆是?

交朋友時你最重視對方要有哪兩項或哪 3 項特質?

如果你從今以後只能玩同一款桌遊，你會選哪一款？為什麼？

你會苦惱自己的習性、情緒，或是過去的經驗，影響到你們之間的關係嗎？

⏭ 什麼樣遠大的夢想是很難說出口、但要是真的實現會很了不起的？

⏮ 哪一本書是你在學校讀過、而且真的也很喜歡的？

當你壓力大時，你希望伴侶如何給你支持與安慰？

講一件在爭吵時或吵架過後、可以讓你們之間的感情更好而非更冷淡的事。

你們如何分配家事？你覺得要多常重新檢視並調整？

「成功」對你而言是指什麼？

假如你能以成人的樣子回到過去給兒時的你講一些鼓勵的話，你會說什麼？

講 3 個你最重視的個人價值觀。

如果你想規劃一個祕密的小旅行,你會帶伴侶去哪裡?講一下這趟旅程中會有什麼浪漫的部分。

當你要出差或離家一陣子,你最喜歡怎麼跟伴侶保持聯絡?

你覺得你們要多常關心一下對方目前的目標?你覺得要特別找時間來談、還是隨時有時間都可以談?

小時候你有特別喜歡的嗜好嗎?是哪些?

假如在以下兩個狀況下你都會成功,你會選在新創公司、還是有百年歷史的公司工作?

你最喜歡的輕食店要推出你的聯名產品,你會幫它取什麼名字?裡面有哪些食材?

你覺得在兩人關係中,怎樣才能在日常家務與新鮮感之間達到平衡?

當你必須花很多時間追求目標時,你要如何持續跟伴侶維持感情?

你想跟另一半分享過去的困苦時期嗎?(不需要多黑暗的過去——你覺得伴侶可以因此更了解你的事就可以。)

你多常花時間思考跟計劃未來?

怎樣的情況下，你覺得最容易可以清楚溝通？怎樣的情況下是最難的？

怎樣簡單又有趣的方式，可以讓你們對彼此表達愛意？

▶▶ 在追求夢想時,享受過程比較重要,還是最終結果比較重要?

◀◀ 在成長過程中,大人是如何教你關於信仰的事情?這如何影響現在你的信仰?

你最喜歡去哪裡購物？

你們應該多久討論金錢與財務的事？

講一個可以讓自己感到興奮的事。

_____   _____

我想要溝通的時候,常常會在⋯⋯的部分卡住。
(選一個)

■ 全心聆聽,但不對號入座、認為對方在攻擊我
■ 清楚表達自己的想法
■ 其他:_____

■ 全心聆聽,但不對號入座、認為對方在攻擊我
■ 清楚表達自己的想法
■ 其他:_____

假設你們做好萬全的準備要來開店,但前 5 年一定要親自經營,而且只能從以下兩個選項中選一個,你會選哪一個?

國際太空站   麵包店

國際太空站   麵包店

另一半送過你什麼禮物是你最喜歡的？

你是否曾經有過非常遠大、但是沒有實現的夢想？這如何影響你？那你現在又是如何看待這件事？

小時候你生氣時，會有什麼反應？
那現在呢？

如果要好好理財的話，你會想培養怎樣的好習慣？

若你打開心房,性生活會變得不一樣嗎?哪方面會不一樣?

回想一下你人生中經歷過的挑戰,哪一個經歷讓你成為更好的伴侶?

當你專注地想達成某個目標時,你是「埋頭苦幹」型,還是會想找捷徑的「追求效率」型?

你聽過最好的忠告是什麼?

講一件另一半對你做過最體貼的事,還有為什麼對你來說這麼有意義?

假設你抽中了接下來 5 年享有免費度假行程,但你每次都只能去同樣的地方,你會選哪裡?

假如你們倆其中一人的薪水比另一方高,你們要如何共同投資理財?

為了實現自己最遠大的夢想,你最需要克服的弱點是什麼?

哪句名言是你以前就記得、而一直到現在也認為很受用的？

你比較重視哪一項：雄心抱負（想要更多），或滿意知足（珍惜所有）？

你認為經常練習什麼,就能改善你們之間的溝通對話?

你最懷念單身時期的什麼事?你可以做哪些調整,把這些懷念的部分融入到現在的關係中?

講 3 件在你理想的家庭生活中常有的活動（例如到餐廳享用晚餐、或晚上一起玩牌）。

小時候你最害怕什麼？

你是否覺得很難去拒絕自己不想做的事？
你是如何處理的？

講一個每次聽到都會逗你哈哈大笑、最古怪搞笑的求歡密語。

設下清楚的界線能如何強化你們的感情?

在你追求目標時,上一個讓你因為分心或繞遠路而慢下來的是什麼?

什麼事是以前會讓你覺得壓力大、但現在不會的?

什麼事情能夠讓你們兩個人的關係常常都很美好?

假設有人付你一整年的薪水請你寫一本書,任何主題都可以,你會寫什麼主題?

你們一起用餐時,會如何顧及對方的飲食喜好?

在接下來的 3 個月內,你會想達成哪一個目標?而接下來 3 年內,你會想達成哪一個目標?

有哪項技巧是你跟父母或長輩學來的、而對你現在的關係很有幫助?

哪些話是你們應該要經常跟對方說的？

什麼主題是你對另一半最難以啟齒或拿出來討論的？要怎樣做才能比較容易開口？

假如要你為目前的感情狀態打分數,你會給幾分?為什麼?你希望你們的感情應該要得幾分?

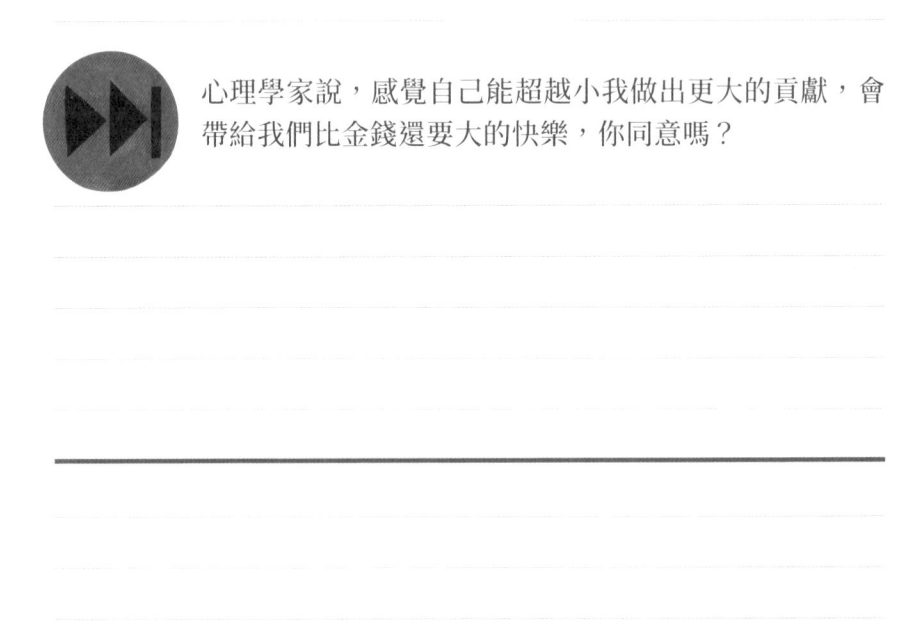

心理學家說,感覺自己能超越小我做出更大的貢獻,會帶給我們比金錢還要大的快樂,你同意嗎?

小時候你最喜歡吃什麼?小時候絕對不吃什麼?

你對繼續進修(例如念碩士、去上專業課程等)有什麼想法?

你最喜歡的浪漫愛情電影是哪一部？

_____   _____

你比較想擁有一億美金，還是擁有一項超能力？
（選一個）

■ 當然是錢囉！　　　■ 當然是超能力！

■ 當然是錢囉！　　　■ 當然是超能力！

跟另一半討論性方面的事對我來說很容易。
（選一個）

是　　　　　　不是

是　　　　　　不是

在關係裡,哪件事是如果你放下「應該要這樣」的期待、並接受現狀的話,兩人相處就會變得容易許多?

哪件小事是不管未來如何,都能讓你今天就感到很開心的?

哪些節慶習俗是你們會想一起恢復的？哪些是你們不想的？

哪兩種方式是你們可以常常用來表達感謝之意的？

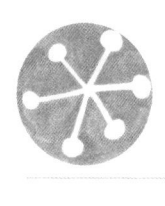

如果你想要規劃一個頂級的約會,你會規劃去哪?做些什麼?

假設你的興趣嗜好是你的另一半不喜歡的,或對方喜歡的你沒興趣,你們要怎麼處理?

⏭ 你們決定要一起完成一個遠大目標,隔天你會做什麼以確保會有好的結果?

⏮ 哪個地方是你去過、但你的另一半沒去過,而你很想帶他/她一起去的?

你想養什麼寵物？養幾隻？

當你們意見分歧時，會有什麼樣的暗號可以：(a) 傳達你想暫停一下，或 (b) 讓你臉上帶著微笑而不是臭臉？

誰曾為你示範了什麼叫「感情好的伴侶」？你從他們身上可以學到什麼？

你現在在追求的哪個目標，是如果你放棄的話，會後悔一輩子的？

你曾經送給別人最好的禮物是什麼？

有句名言說：「有些人工作是為了生活，有些人生活是為了工作。」你比較能贊同哪一方？

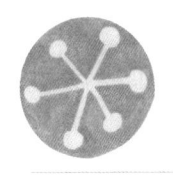

假如你是個超級英雄,你的超能力是什麼?你的超能力是怎麼來的?

你們應該彼此告知自己的銀行密碼嗎?為什麼?

講 3 個你可以努力追求、實現目標的強項。

你怎麼知道自己是真的原諒某個人了？

到目前為止,你在人生中學到最棒的一課是?你是如何因此而改變的?

講一個你所認識的、非常善於傾聽的人。你覺得這人有什麼特質使他／她善於傾聽?

除了你跟另一半的關係以外，你人生中最重要的關係有哪些？

你現在人生中最重要的 3 件事是哪些？

你還小的時候，什麼是最讓你害怕「變成大人」的？

假如你叫另一半做一件他／她不擅長的事，結果也沒做好，你會做什麼或說什麼來安慰對方？

你為某件事發想了一個獎項,你會怎麼稱呼這個獎?

你覺得你們存錢跟花錢的方式類似嗎?

⏭ 你對於「在追求夢想的過程中請求別人幫忙」有什麼想法？

❗ 道歉對你來說是簡單、還是困難？

在成長過程中，特殊節日或場合讓你覺得壓力大、還是有趣？還是兩者兼具？

當你對某個主題很有興趣，你覺得要加以討論是困難、還是容易？

♡ 你想在關係中得到的最重要的事物是什麼？你們會如何把對方覺得「最重要的事物」放在最優先？

⏭ 你理想的工作時程是如何？在工作上需要調整什麼，才能接近你理想的時間安排？

假設你們要一起去旅行,在打包行李時,你會帶哪 3 個一定要帶的東西?

在健全的關係中,「原諒」扮演什麼角色?

你比較重視哪一個：自由，還是安全感？

哪件事改變了你的一生、並形塑出現在的你？

你們是如何幫助彼此做出困難的決定,尤其是這些決定可能會讓某些人失望?

你對目前的人生目標充滿熱忱嗎?為什麼?

你覺得受到傷害時,會做什麼(但為了成為更好的伴侶,你會想不要再這麼做)?

你在兩人關係中曾做過什麼事、是會讓你想回到過去重來一遍的?

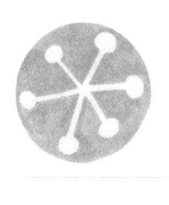

如果你可以在聯合國為你關心的議題發聲,你會選哪個議題?

講至少 3 個你做為伴侶想表現出來的特質。

⏭ 敘述你「夢想能過上」的一天——這一天是會讓你覺得太有趣好玩、感覺夢想成真了。

⏮ 講一個你們曾經共同創造的美好回憶。

你做過最大膽的事是什麼?你從中學到什麼?

你最喜歡如何挑起對方的情慾?

如果有人向你請教什麼是美好的感情關係,你會告訴他們什麼?

哪個目前的人生目標會讓你覺得跟伴侶的距離拉近?為什麼?

小時候放學後,你最喜歡吃的點心是什麼?

如果你有座右銘或人生口號,那會是什麼?

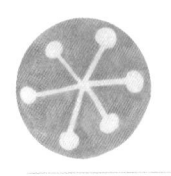

假如你可以去到未來、並且帶一則資訊回到現在,你會帶什麼樣的一句話回來?

你對目前兩人關係最恐懼的是什麼?要如何減少這份恐懼?

在成長過程中,有人給過你什麼性方面的建議?你覺得這個建議有幫助嗎?

什麼是你喜歡給別人的「智慧之言」?

為了成為更好的傾聽者，你會改善自己性格的哪個部分？

講一個你絕對會先跟對方討論、確定兩人要同心協力的情況。

想像你已達成最重要的目標,你的人生會有什麼不同?
什麼又會維持不變?

你的家人或長輩曾教過你「愛」是什麼嗎?

什麼樣的情況會讓你感到焦慮?

你最喜歡另一半對你做什麼來表現出情意?

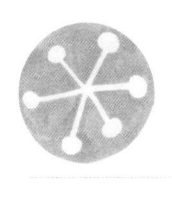

假如你可以學世界上任何一種語言,你會選哪一種?為什麼?

如果你沒有常花時間陪伴另一半,這會如何影響你們的感情?

你認為在達成目標的過程中,「毅力與堅持」扮演什麼角色?

在成長過程中,什麼樣的情緒會讓你手足無措?現在你又是如何處理這樣的情緒?

用一句話來敘述你們之間的關係。

如果你可以自己發明一張獎券,兌換的獎品是除了錢以外的任何東西,你會選什麼當獎品?

關於在社群媒體上分享自己感情的事,你覺得哪些是可以講的?哪些是不可以講?

哪件事你覺得是根本在浪費時間、但你還是做了?為什麼?

在親近大自然或享受戶外活動時，你最美好回憶是什麼？

如果你可以回到過去痛苦的時期、並給當時的自己一些建議，你會說什麼？

跟你的另一半討論錢的事,是否會比跟其他人討論來得容易?

假設你們都覺得自己的意見才是對的,你們會怎樣提醒彼此要對新的觀點保持開放的心態?

⏭ 對於個人的感情關係,你最大的夢想是什麼?

⏮ 過去哪項你引以為傲的成就,讓你現在成為更好的另一半?

你認為好的領導者必須具備哪些特質?

關於兩人的親密關係,你會希望設下什麼目標嗎?

假設你有個緊急拯救兩人關係的計畫,內容會包含什麼?

哪個現實生活裡的目標,是你現在正在努力想達成的?有哪個目標是你感覺像是遙不可及的夢想、但還是努力想做到的?

過去你的哪個經歷是讓你難以啟齒、但又會影響到你們的關係的？

「慷慨大方」對你來說是什麼意思？

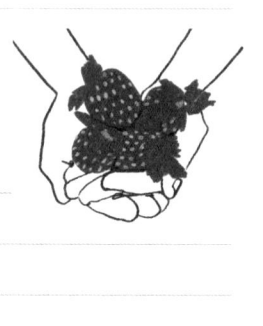

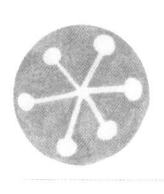

你曾做過最傻、最好笑的事是什麼？

你覺得工作跟職涯規劃正如何影響你們的關係？

你想要在明年完成什麼事情？你的另一半可以如何支持你達成目標？

想一想你人生中所有的朋友，怎樣的朋友算是「好朋友」？

講 3 項你奉為人生圭臬的原則。

吵架時可以翻舊帳嗎？為什麼？

講一件你在關係中經常做、而且你對此感到驕傲的事。

哪件往事總是會讓你想起來就很快樂？

你最希望另一半知道關於你的什麼事?

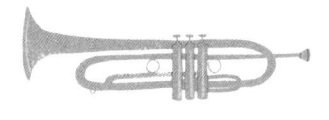

如果要把你們的感情故事製作成三部曲,你會把最後一部取什麼名字?

回顧一下

哇!終於到這本書的最後

現在花點時間,想一想你的回答,再深入反省一下:

★ 討論問題時,哪段對話是你最喜歡的?
★ 哪段對話最令你驚訝?你是否對自己的回答感到驚訝呢?
★ 你們有討論到從未討論過的事嗎?感覺如何?
★ 哪個問題是你下定決心不會再問的?
★ 你會想改天再問相同問題、看看答案是否有不同嗎?
★ 你會在月曆上標註、提醒每年都來問彼此某些問題嗎?
★ 你會規劃兩人的約會之夜,來討論你們彼此最深刻、最有趣的回答,並再次回顧這些有意思的問題嗎?

★ 你是「一天一問題」型的人？還是你喜歡一次花一兩個小時回答很多問題？
★ 在回答這些問題時，你覺得最驚喜的發現是什麼？
★ 哪個問題是你們各自覺得最難回答的？哪個問題最簡單？

切記，兩人感情品質的提升是建立在雙方如何彼此提問與回答這些問題。認真回答這些問題可以讓你們彼此的心更加靠近！